いっすんぼうし

いしい　ももこ　ぶん／あきの　ふく　え

福音館書店発行

　むかし　あるところに、おじいさんと　おばあさんが　すんでいました。
としをとるまで、こどもが　ありませんでしたので、それを　なにより
さびしく　おもっていました。そこで、おじいさんと　おばあさんは、
「てのゆびほどの　ちいさい　こどもでも　ひとりあったら、どんなに
よかろう」と　はなしあって、おてんとうさまを　おがんでは、「どうぞ
こどもを　おさずけください」と、おねがいしました。

するとそのうち、おばあさんの　おなかが　いたくなって、あかんぼうが　うまれました。

けれども、それは　ちいさい　ちいさい　おとこのこで、からだのおおきさが　ての　おやゆびくらいしか　ありません。おじいさんと　おばあさんは、おどろきましたが、「これも　おてんとうさまの　おぼしめしであろう」と　かんがえて、いっすんぼうし　というなを　つけて　かわいがって　そだてました。

ところが、いっすんぼうしは、五つになっても　七つになっても、
おおきくなりません。十二、三になったころには、まいも　まえ、
うたも　じょうずに　うたえるように　なりましたが、からだは
あいかわらず　ちいさくて、いえのてつだいは　なんにも　できません。
おじいさんと　おばあさんは　がっかりし、むらの　こどもたちは、
「ちび　ちび」といって、ばかにするように　なりました。

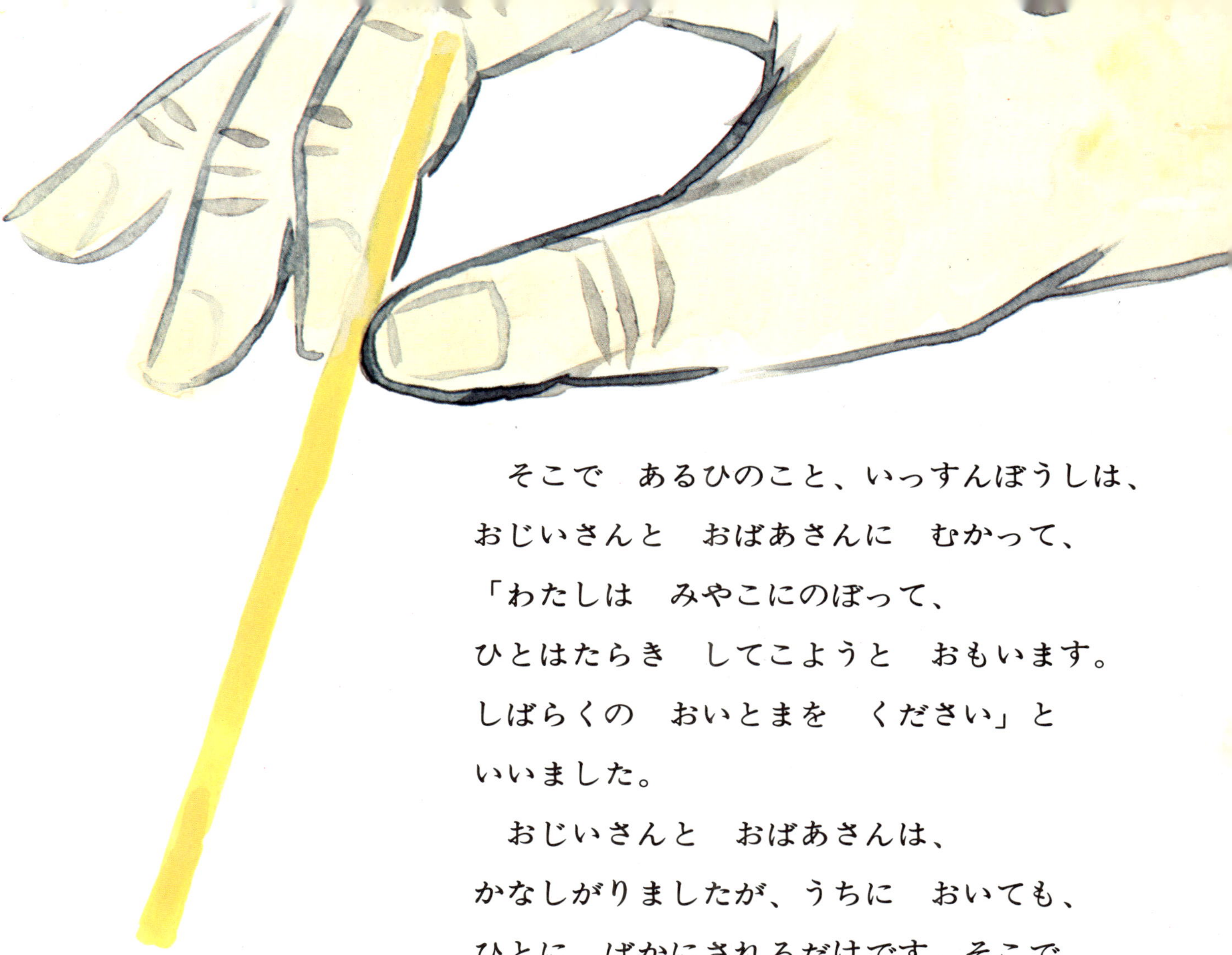

　そこで　あるひのこと、いっすんぼうしは、
おじいさんと　おばあさんに　むかって、
「わたしは　みやこにのぼって、
ひとはたらき　してこようと　おもいます。
しばらくの　おいとまを　ください」と
いいました。
　おじいさんと　おばあさんは、
かなしがりましたが、うちに　おいても、
ひとに　ばかにされるだけです。そこで、
いっすんぼうしの　ねがいを　ゆるして
やることにしました。

　いっすんぼうしは、おわんを　かさにし、はしを　つえにし、
おばあさんから　もらった　はりを　かたなにし、むぎわらを
さやにして、たびのしたくを　ととのえました。

　それから、おじいさんと　おばあさんは、むらのはずれまで
いっすんぼうしを　みおくって、
「みやこへ　いくには、このみちを　どこまでも　いくと、やがて、
かわに　でるから、そのかわを　どんどん　のぼっていくのだぞ」
と　おしえました。

　いっすんぼうしは、いわれたとおり　そのみちを　どんどん　あるいて
いきましたが、なかなか　かわに　でません。ずいぶん　いったころ、
むこうから　ありが　一ぴき　やってきたので、
「みやこにのぼる　かわは　どこです？」と　ききますと、ありは、
「たんぽぽよこちょう、つくしのはずれ」と　おしえてくれました。
　そこで　たんぽぽのあいだの　みちを　ながいあいだ　あるいてから、
ひろい　ひろい　つくしののはらを　ではずれますと、なるほど、
おおきなかわが、まんまんと　ながれていました。

　いっすんぼうしは、その　おおきなかわに　おわんを　うかべ、
はしを　かいにすると、かわかみめざして、ちからいっぱい
こぎのぼって　いきました。
　そのうち　よるになったので、あしのあいだに　ふねを　つけて、
そのなかで、まるくなって　やすみました。

　さて、つぎのひも、あさはやくから　こぎのぼり、また
そのつぎのひも　こぎのぼるうち、やがて、かわのきしには、
いえが　ならびはじめ、いっすんぼうしの　ふねは、いくつもの
はしを　つぎつぎに　くぐりぬけました。
「いよいよ　みやこに　ついたな」と、いっすんぼうしは
おもって、あるおおきな　はしのたもとに　ふねを　つけ、
どてを　のぼりました。

みやこには　ひとの　いること　いること。いっすんぼうしの
まわりを　たくさんのあしが、みぎや　ひだりに　うごいていきます。

いっすんぼうしは、ふみつぶされては　たいへんと、きをつけながら
あちこちと　みてまわってから、だんだん　ひとどおりの　すくないほうに
あるいていきました。すると、おおきなおやしきの　まえに　でました。

「これは　りっぱな　おやしきだ。ここなら　わたしにできるしごとが
なにか　あるにちがいない」　いっすんぼうしは　こうかんがえて、もんを
くぐり、にわを　とおりぬけ、ごてんの　かいだんのしたに　たつと、
こえはりあげて、「おたのみ　もうす！」と　いいました。

　すると、おくから　ひげをはやしたひとが　でてきて、あたりを　みまわし、
ふしぎそうに、
「やや、こえがしたのに、だれも　おらぬ」と　いいました。

そこで、いっすんぼうしは　いそいで、
「ここに　おります。げたのかげに　おります。ふみつけぬよう、おきをおつけください」と　さけびました。

そのひとが　げたのしたを　のぞくと、そこに　たびのしたくも　かいがいしい　いっすんぼうしが　たっていました。

そのひとは　おどろいて、いっすんぼうしを　つまみあげ、
「おまえのようなものが、なにようあって　ここに　きたのか」と　ききました。

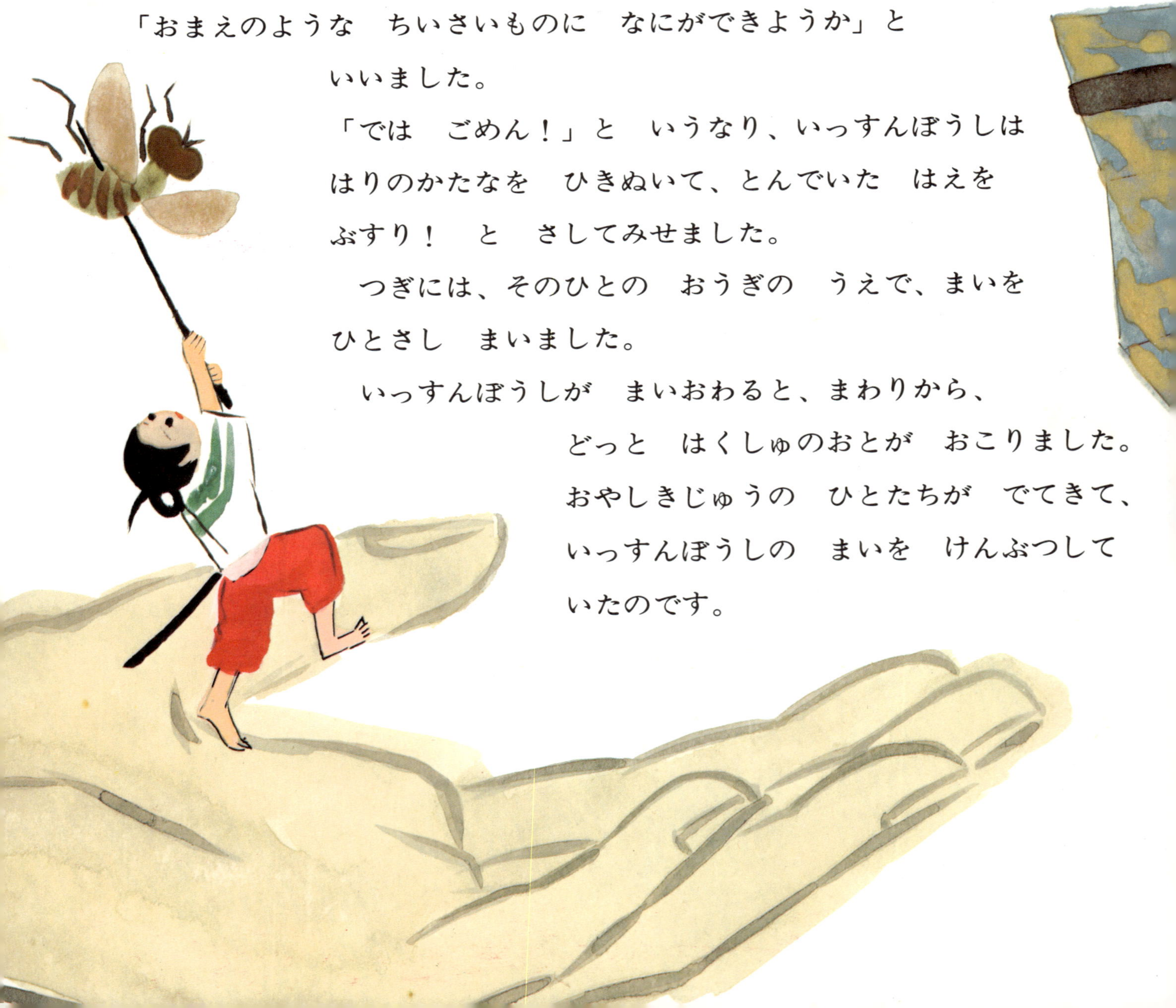

　いっすんぼうしが　みやこにでてきたわけを
はなしますと、そのひとは　わらって、
「おまえのような　ちいさいものに　なにができようか」と
いいました。
「では　ごめん！」と　いうなり、いっすんぼうしは
はりのかたなを　ひきぬいて、とんでいた　はえを
ぶすり！　と　さしてみせました。
　つぎには、そのひとの　おうぎの　うえで、まいを
ひとさし　まいました。
　いっすんぼうしが　まいおわると、まわりから、
どっと　はくしゅのおとが　おこりました。
おやしきじゅうの　ひとたちが　でてきて、
いっすんぼうしの　まいを　けんぶつして
いたのです。

いっすんぼうしの　たずねた　いえは、みやこでなだかい
だいじんの　おやしきでした。いっすんぼうしは、そこで
はたらくことに　なりました。

いっすんぼうしは　みなから　かわいがられましたが、
なかでも　いちばん　いっすんぼうしを　きにいったのは、
だいじんの　おひめさまでした。

ひめが　てならいをするとき、かみを　おさえるのは、
いっすんぼうしの　やくめでした。ひめが　すごろくをするとき、
さいころを　そろえるのも、いっすんぼうしの　やくめでした。

こうして　いっすんぼうしが　まめまめしく　はたらくうちに、
なんねんか　たちました。

あるひ、いっすんぼうしは、ひめの　おともで、
きよみずでらへ　おまいりに　でかけました。

すると、そのかえりみち、さびしいところに　さしかかったとき、
きゅうに　きのかげから　おにが　三びき　とびだしてきました。

一ぴきは　あおおに。一ぴきは　くろおに。もう一ぴきは　あかおに
でした。あおおにと　くろおには　ふといかなぼうを　もち、あかおには、
うちでのこづちを　にぎっていました。

三びきは　りょうてを　ひろげて、たちふさがり、
「きょうこそは、このひめを　さらっていこうぞ！」と　わめきました。

そこで　いっすんぼうしは、おにのまえに　おどりでて、
「そうは　させぬぞ。いっすんぼうし　ここにあり！」と
さけびました。

そして、ひらり　とびあがると、あおおにの　めを、はりのかたなで、
ちくり！　ざくり！　あおおには　まっさおになり、かなぼうを　すてて
にげだしました。そこで、こんどは　くろおにめがけて、ちくり！　ざくり！

くろおにも　まっくろになって　にげだしました。

　これをみると　あかおには、ひのようになって、おおぐちあけて
とびかかってきましたので、まっていましたと　いっすんぼうし、
そのくちに　とびこんで、ちくりざくり、ちくりざくり！
「いたい、くるしい、こうさんだ！」と、あかおには　さけびました。

　そこで、いっすんぼうしが、おにの　くちから　とびだすと、おには　こづちを　なげすてて、あともみないで　にげていきました。

　ひめも　きのかげから　かけだしてきて、いっすんぼうしの　ぶじをよろこびました。

　いっすんぼうしが、うちでのこづちを　ひめに　みせて、

「ひめさま、これが　おにのたからもの、うちでのこづちでございます。これを　ふれば、どんな　ねがいも　かなうと　いわれております。さっそく　ふってごらんください」と　いいますと、ひめは、くびをふって、

「いえいえ、そのこづちは、おまえが　かちとったもの。おまえののぞみのものから、だしましょう」と　こたえました。

そこで、いっすんぼうしは、

「わたくしの　のぞみは、わたくしのからだが　おおきくなること」といいました。

　ひめは　すぐさま、うちでのこづちを
ひとふり　しました。
　ずん！　と、いっすんぼうしの　せが
のびました。
　ひめは、また　ひとふり　しました。
　ずん！　と　いっすんぼうしの　せが
のびました。
　こうして、ひめが　こづちを　ふるごとに
いっすんぼうしは、ずん　ずん　ずん！　と
おおきくなって、やがて、ひめのまえには、
りっぱな　わかものが　たっていました。
　それから、ひめと　いっすんぼうしは、
よろこびいさんで、ごてんに　かえりました。

いっすんぼうしの　てがらは、まもなく、みやこじゅうに
しれわたって、いっすんぼうしの　なを　しらないひとは、
だれも　いないようになりました。

そのご、いっすんぼうしは、しゅっせして、やがて、ひめを
はなよめに　むかえ、おじいさん　おばあさんも　よびよせて、
しあわせに　くらしましたと。

石井　桃子（いしい　ももこ）

1907年、埼玉県に生まれた。1951年、「ノンちゃん雲に乗る」で文部大臣賞受賞。1953年児童文学に貢献したことにより菊池寛賞受賞。童話に「三月ひなのつき」、絵本に「ちいさなねこ」「くいしんぼうのはなこさん」（以上福音館書店刊）、翻訳に「クマのプーさん」「児童文学論」（以上岩波書店刊）、「ピーターラビットの絵本」シリーズ（福音館書店刊）など多数がある。東京在住。

秋野　不矩（あきの　ふく）

1908年、静岡県に生まれた。1950年、女流日本画家に与えられる最高の賞、上村松園賞を受賞。創画会会員。

絵本の仕事に、「うりひめとあまのじゃく」（福音館書店刊）、「小さな松の物語」「やまねことにわとり」（ニューヨーク Atheneum社）などがある。京都在住。

いっすんぼうし　石井桃子 文　秋野不矩 絵　NDC 913　40p　21×22cm

発行所　**福音館書店**　113 東京都文京区本駒込６－６－３　1965年12月１日発行　1991年12月20日　第45刷

電話　営業部（03）3942－1226／編集部（03）3942－2081　印刷　康陽印刷／製本　多田製本

●乱丁・落丁本は、ご面倒ですが小社宛ご送付ください。送料小社負担にてお取り替えいたします。　Printed in Japan

ISBN4-8340-0051-6